Le Château de Tratot

Étude descriptive & historique

d'après des documents authentiques et inédits

PAR

E. SAROT

AVOCAT A COUTANCES

TYPOGRAPHIE
CH. DAIREAUX
Coutances

Le Château de Gratot

Étude descriptive & historique

Par E. SAROT

Avocat a Coutances

TYPOGRAPHIE
CH. DAIREAUX
Coutances

Le Château de Gratot

Au moment où ce Castel, en ruines, mais conservant encore de nombreuses traces, au milieu de ses débris, de son ancienne splendeur d'autrefois, vient de changer de propriétaire et d'être, par suite, probablement destiné à subir des réparations — peut-être même des reconstructions plus ou moins hypothétiques — susceptibles d'en altérer la structure primitive, nous croyons à propos de le décrire tel qu'il est encore, et aussi tel qu'il était à une époque relativement assez voisine de nous, où il n'avait pas encore éprouvé la destruction profonde qu'on y rencontre à présent.

C'est ce que nous essaierons de faire, après nous être, pour cela, plusieurs fois transporté, dans ce but, sur les lieux, et, de plus, avoir pris — grâce à l'obligeance de sa dernière titulaire — connaissance de nombreux et importants documents à lui relatifs et remontant au milieu du XVIII° siècle; ce qui nous permettra, en même

temps, de faire savoir par suite de quelles pé-
ripéties financières il était arrivé aux mains de
celle-ci.

Un pareil sujet de double investigation est,
on peut le dire, tout *neuf*, puisque (sauf un
article, des plus superficiels, inséré dans la
Revue de l'arrondissement de Coutances, sur
la commune de *Gratot*, par M. RENAULT), on ne
possède encore aucune monographie, que ce
soit, du monument en question : d'autant plus
intéressant, cependant, qu'il appartint longtemps à une des plus anciennes et célèbres familles normandes, et que, dans ce pays-ci — si
pauvre à cet égard — il constitue une véritable
rareté ; même un unique échantillon, tant historique qu'architectural. Et nous osons espérer
que le public en général, surtout celui spécial
des archéologues — peut-être, encore plus, le
nouveau maître de cet étrange logis — nous
sauront gré d'un semblable effort.

I. — **Etat actuel**.

Rendons-nous donc (ce qui est facile quand
on habite Coutances, dont il n'est distant que
d'une lieue) au village insignifiant de *Gratot*,
sis au Nord-Ouest de ladite ville, sur le chemin
vicinal de St-Malo-de-la-Lande ; franchissons-
le, et, à une centaine de mètres sur la droite,
nous allons bientôt rencontrer une courte mais
large avenue de chênes, qui, une fois franchie,
va nous conduire, en quelques pas, — après
avoir, à gauche, laissé de côté, dans le cimetière, clos de murs, qui l'entoure, l'élégante
église de la localité ; dont la svelte tour du
xiiie siècle, et, à l'intérieur, les artistiques « en-
feux » seigneuriaux du xve, méritent bien, eux
aussi, qu'on y jette un coup d'œil attentif, — on
va, tout à coup, se trouver en face de l'objet
curieux que l'on a surtout cherché, c'est-à-dire
du château en question ; que précèdent, d'ailleurs, à l'extrémité gauche de la susdite avenue,
et tout contre le cimetière précité, les bâtiments
— sans aucun caractère, au moins à présent, —
de sa ferme principale.

Ce que l'on en voit d'abord — et surtout en
en faisant le tour extérieur, par le sentier à
gauche, et l'ancien jardin, ainsi que la prairie,
qui l'avoisinent — c'est sa singulière situation topographique, assez générale, du reste,
pour les vieilles constructions de ce genre.

Il est, en effet, assis sur un véritable ilot entouré de tous côtés, circulairement, par une *douve* aux eaux stagnantes, et qui, jadis, fréquentée par des carpes plus ou moins savoureuses, (ainsi que nous avons pu nous-même alors nous en assurer, il y a déjà de longues années), doit l'être, à présent, et depuis son dernier curage, qui remonte loin, bien plus par de glapissantes grenouilles.

Sur ce fossé, devenu de la sorte plus ou moins pestilentiel, ont été, de tous temps, jetées deux voies de communication avec la terre ferme. A savoir : du côté de l'arrivée, — c'est-à-dire du midi au nord, — une longue chaussée que terminait jadis un double pont-levis correspondant à une double porte pratiquée dans le pavillon dont nous allons parler tout à l'heure, où se remarquent encore les traces visibles des fentes perpendiculaires destinées à recevoir les supports horizontaux dudit pont quand il était relevé pour intercepter toute communication avec la chaussée sus-énoncée ; et, du côté du jardin ci-après mentionné, pour aborder celui ci du Sud au Nord, ou pour gagner, de lui, — du Nord au Sud, — le château dont il était l'accessoire, un étroit pont fixe, à plusieurs arches, que ferme, encore à présent, une barrière placée à son extrémité méridionale.

Après avoir ainsi fait le tour extérieur du monument que nous nous proposons d'étudier, et avoir ainsi déjà sommairement constaté qu'il appartient à diverses époques, depuis le xiiie siècle, en passant par le xve, jusqu'au xviie, pénétrons, pour le mieux connaître même du dehors, par la chaussée ci-dessus, et à travers l'une des deux portes à plein cintre qui la terminent, et au-dessus de la principale desquelles se trouvait jadis un écusson devenu méconnaissable par le martèlement qu'il a subi pendant la Révolution; qui n'en a pas davantage respecté quatre autres, probablement semblables, placés — comme nous allons le, dire — en d'autres endroits du château.

En le faisant nous avons traversé un gros pavillon à toit élevé et en style du commencement du xvII^e siècle, renfermant, à son seul étage au-dessus desdites portes, une chambre, à présent grenier à fourrage mais qui, jadis, devait être un corps de garde; et flanqué, de chaque côté, de deux longs corps de bâtiment n'ayant, chacun, qu'un rez-de-chaussée à usage, autrefois, d'écuries, et surmontés d'un grenier qu'éclairent des lucarnes à forme lourde, placées au nord desdites bâtisses et qui, à elles seules, permettent d'assigner, également à celles-ci, la date approximative du susdit pavillon les séparant.

De cette façon nous sommes entrés dans un espace vide, qui formait la *cour intérieure* dudit château; dont l'*extérieure*, ou *basse-cour*, se trouvait de l'autre côté de la douve et au bout méridional de la susdite chaussée, là où sont les bâtiments actuels de la ferme principale du domaine ex-seigneurial — et, du reste, sans clôture particulière — ainsi que le révèlent les titres dont nous allons parler tout à l'heure.

Arrivés là, retournons-nous, et, après avoir pris complète vue de la face nord de l'avant-corps total en question, et des lucarnes susdites, remarquons surtout, à son extrémité ouest, une vieille tour carrée, en ruine presque complète, mais présentant encore, par l'épaisseur de ses murailles, la forme de ses ouvertures, et surtout une bande supérieure quadrifoliée — que l'on retrouve identique au portail de l'église paroissiale (à l'origine simple chapelle, évidemment, du château, dans les terres duquel elle était enclavée), et même à certaines parties de la Cathédrale de Coutances — tous les caractères du xiiie siècle.

Cela se voit déjà très bien de ladite cour. Mais cela est bien plus apparent et plus remarquable encore si l'on a observé l'espèce de donjon en question, de l'autre bord de la douve, sur la marge de laquelle il a été construit. C'est de là — au Sud-Ouest de celle-ci — que la constatation de son style architectural est le plus facile. Et, de là encore — et de là seulement — on s'apercevra que la tour en question était jadis percée d'une vaste porte, avec pont-levis, qui était alors une des entrées du château, si non la seule ; sans que, d'ailleurs, il y eût alors besoin, pour cela — vu l'étroitesse de la douve à ce point là — d'une chaussée telle que celle sans laquelle on ne pouvait y aborder quand son accès y eût été transporté, en son endroit actuel, à une époque quelconque de la période ultérieure comprise entre le xiiie et le xviie siècles.

Evidemment la ruine architecturale en question — que surmonte, d'ailleurs, en dehors et au-dessus de la porte susdite (depuis longtemps murée), l'écusson, également effacé, des anciens seigneurs de Gratot — n'était qu'un fragment extérieur, d'un *château-fort* de la même époque, remplacé, depuis, par d'autres constructions, et qui avait été sans doute élevé en même temps que l'église dont on a parlé plus haut et qui n'était, à vrai dire, que sa dépendance directe, placée sous le *patronage* immédiat des maîtres du lieu : en ayant fourni le terrain et l'ayant peut-être, eux seuls, érigée.

Tournons-nous, à présent, vers le Nord, et examinons le château actuel; dont nous avons ainsi toute la façade sud en face de nous.

Nous y remarquerons de suite, — de l'ouest à l'est, avec retour d'équerre à la première de ces extrémités, — une importante maison seigneuriale d'habitation, dont le principal corps de logis se termine au dehors, — du côté de l'Occident, — par une espèce de pavillon, à lui incrusté, et surmonté, à ses deux faces Ouest et Nord, d'un fronton en triangle, percé d'un œil-de-bœuf circulaire.

Il comprend trois étages, savoir : un *rez-de-chaussée* en partie souterrain, mais, en général très apparent par les portes qui y donnent accès du côté du midi, et aussi par les ouvertures carrées qui lui fournissent, au dedans, de la lumière, surtout au nord et au-dessus de la douve, que surplombe, de ce côté-là, ledit bâtiment; un *premier étage* à grandes fenêtres, tant du côté de la cour que de celui de la douve, avec porte accédée par un haut perron, au bout Est de la construction; et un *deuxième étage* au moins mansardé, et éclairé, tantôt par des fenêtres ordinaires (comme à l'extrémité Ouest de celle-ci, du côté de la susdite cour), tantôt, et surtout, par des lucarnes plus ou moins historiées, tant du côté de cette dernière que de la douve susdite. Les trois, principalement, qui surmontent, au bout Est dudit bâtiment, au Sud, ses ouvertures du premier étage, — avec, dans l'intervalle au dessous de chacune d'elles, un écusson seigneurial toujours sauvagement martelé — sont d'un dessin soigné des mieux réussis.

Tout cela porte le signe évident du xvii<sup>e siècle dans son épanouissement ; et on en est encore mieux convaincu quand, après avoir pénétré dans les principaux appartements de ladite bâtisse, on a observé les moulures, très caractéristiques à cet égard, qui, çà et là, continuent encore à les revêtir, soit en cheminées, soit en chambranles de portes.

Mais d'un style bien antérieur — et probablement du xv* siècle — est une tourelle, à usage d'escalier, terminée, à sa partie supérieure, par une chambre ronde, renfermant une horloge (que nous y avons, jadis, vue nous-même), et qui s'accole au milieu sud de la bâtisse en question. Ce qui porte invinciblement à croire que celle-ci a été précédée par une bien plus ancienne — que ce fût le château-fort du xiii* siècle, auquel nous avons fait allusion plus haut ; ou bien (ce qui est plus probable) une habitation de deux siècles plus récente, qui, comme plus habitable, aurait succédé à celle-ci, pour être elle-même, deux cents ans encore après, évincée par celle aujourd'hui subsistante.

Cette dernière, du reste, ne l'est plus, à présent, dans son entier ; et, à une époque que nous tâcherons plus tard de déterminer approximativement, a vu crouler, et même ensuite entièrement disparaître, une grande partie de son extrémité Est — depuis, au moins, son mur oriental actuel jusqu'à la seconde tourelle dite *de la fée*, dont nous allons parler tout à l'heure, et qui lui servait, sans nul doute, d'escalier principal, ou, du moins, supplémentaire, à son bout Sud-Est.

C'est ce qui résulte, à première vue déjà, de la solution, vaste, de continuité, à cet endroit là, entre le pignon Est, actuel, de la susdite bâtisse — où se remarquent encore d'anciennes portes de communication, surtout au rez-de-chaussée — et la tour dont s'agit, qui pré-

sente encore, au nord, *quatre étages de portes*
donnant jadis entrée dans ceux de la partie détruite en question. Celle-ci même —
d'après ce dernier détail, que confirmera plus
loin l'analyse d'un acte de l'an XII, ci-après
mentionné — aurait été d'un étage plus haut
que le restant, qui n'en avait, comme on l'a vu,
que *trois*. Chose fort possible, surtout si, à cet
endroit là, on avait, en reconstruisant au xviie
siècle, laissé partiellement subsister la construction du xve de même âge que la tour susdite.

Mais, au surplus, cette impression devient
encore plus évidente, si, pénétrant dans la vaste
salle d'entrée actuelle — restée toujours à peu
près intacte — on remarque les deux fausses
portes intérieures de l'Est, qui en étaient jadis
de véritables, et communiquaient évidemment
avec un appartement analogue, ou au moins
quelconque, à présent complètement supprimé
et remplacé par un vide extérieur absolu.

Il faut, du reste, observer que, si l'on re-
contruisait, à présent, par la pensée, ou, surtout (comme cela pourra bien être), en réalité,
la partie détruite susdite, en y rattachant nécessairement, à nouveau, la susdite tour pour accé-
der à ses divers étages — dont était sans doute
trop éloigné l'escalier de l'horloge susdit, et
même un second placé derrière la salle précitée
et à son angle Nord-Est, où on en voit encore
extérieurement la cage arrondie — cette tour
perdrait, par le fait, une grande partie de l'effet
merveilleux qu'elle produit dans son isole-
ment nécessaire d'à présent ; circonstance iné-
vitable, sur laquelle les restaurateurs futurs du
château dont est cas ne doivent pas se faire d'il-
lusions !

Telle qu'elle est, en effet, aujourd'hui, cette tour — qui attire de suite l'attention, et même l'admiration, de l'archéologue ; voire du simple touriste vulgaire — est un véritable chef-d'œuvre du xvᵉ siècle, avec son élégant fût octogone extérieur : renfermant, au dedans, un escalier en spirale savamment combiné, et surmonté d'un cube carré, couronné, à l'Ouest et à l'Est, d'une balustrade des plus ornées, et couvert, derrière un double fronton — Sud et Nord — à crochets artistiques, d'une svelte bâtière en ardoises ; cube qui renferme, à l'intérieur, une coquette chambre voûtée en arête, pourvue d'une cheminée sculptée, de la même époque et du même style architectural.

Nous en avons, jadis, vu une autre, de celui-ci, au centre extérieur de l'ancien château (maintenant simple ferme) d'*Argouges-sous-Môles*, près Bayeux — d'où, prétend-on, ont jadis essaimé les principaux anciens propriétaires du castel de Gratot ; et où on retrouve, comme ici, toujours vivante dans les traditions orales du pays, la fameuse légende de la *Fée* des d'Argouges. Mais, bien qu'elle soit encore fort belle dans ses détails, elle nous a paru bien inférieure, dans son ensemble, à la nôtre sus-décrite : étant moins haute, et, d'ailleurs, encastrée dans un autre bâtiment auquel elle sert encore d'escalier principal. Confirmation, du reste, de ce que nous prévoyons, même pour celle-ci, quand elle serait rattachée, comme jadis, à une maison d'habitation.

Mais il nous faut, maintenant, tâcher de pénétrer, non seulement dans ladite tour — comme nous venons de le faire tout à l'heure — mais encore dans la portion subsistante du bâtiment principal, que nous n'avons jusqu'ici considéré que du dehors.

Cela nous sera facile pour le *rez-de-chaussée*, assez bien conservé en général, grâce à son sol naturellement solide, et, d'ailleurs, assez récemment récimenté ; grâce, aussi, à ses voûtes en pierre, d'une solidité paraissant à toute épreuve.
Mais, là, il n'y a pas grand'chose à voir, du moins à présent ; et, malgré les usages variés auxquels cette espèce de crypte semble — ainsi que nous le verrons — avoir été employée jadis. C'est tout simplement une suite de caves, assez mal éclairées par les sortes de soupiraux jadis créés pour leur donner de la lumière.

Sortons-en donc bien vite, pour monter le perron de l'Ouest et pénétrer par la porte s'ouvrant à l'extrémité orientale de ce qui reste de l'habitation d'autrefois — après s'être jadis, sans nul doute, trouvée mise au milieu de toute la portion s'en étendant, de la tour de l'horloge, à celle de la fée. susdites.
Nous entrons ainsi dans une magnifique salle du XVIIᵉ siècle, carrelée en pierre, et à plafond en solives saillantes, telle qu'on construisait généralement, alors, les appartements de ce genre. Elle a même conservé quelques morceaux de boiseries du temps, mais le tout délabré, et ne pouvant donner qu'une idée très imparfaite de l'ancienne splendeur certaine de celui-ci.
Autant en dirons-nous de celle qui la suit — avec des dimensions moindres — du côté de l'Ouest. Seulement, là, il ne faut pas regarder en haut, de peur d'apercevoir les trous énormes dont est, par vétusté ou négligence de la couverture supérieure, percé son plafond.
Ce sera bien pis encore si nous voulons pénétrer, plus loin, dans les chambres qui continuent cette dernière ; car, là, c'est le sol lui-

même qui nous fera défaut, s'étant effondré, en maint endroit, dans la cave subjacente.

Cette promenade intérieure auxdits bâtiments devient donc bien vite dangereuse, même à leur 1ᵉʳ *étage*. Elle le serait, encore bien davantage au *second;* ou, du reste, il n'y aurait guère à voir — à présent, du moins — que de simples mansardes.

On peut, du reste, s'en rendre compte suffisant, même du dehors, surtout au bout Ouest de ladite bâtisse, de l'autre côté de la douve à cet endroit là. Car on constatera de la sorte que, là, même les murs extérieurs sont, — fauté d'entretien, sans doute, — tous prêts de crouler, en entraînant avec eux tout ce que, de l'intérieur, ils étaient destinés à soutenir et à protéger.

Eloignons-nous donc, maintenant, de constructions, si intéressantes même encore à présent, mais devenues par trop inhabitables et même périlleuses, pour aller faire un tour dans le vaste *jardin*, — de 5 vergées, environ d'étendue, — qui s'y rattachait jadis, au Nord et de l'autre coté de la douve les entourant.

Pour cela passons par le pont arqué dont nous avons déjà parlé plus haut; et nous y serons aussitôt.

Mais, là, il n'y a plus rien à voir. Ce n'est plus qu'une prairie ordinaire, entourée, il est vrai, de vieux murs, et présentant, vers son bout Nord, — où se trouve une autre entrée dudit enclos, — une courbe gracieuse, telle qu'au xvıı° siècle on en traçait souvent aux fermetures de ce genre.

Quant à d'autres dépendances, inférieures (bien que plus utiles), du domaine en question — telles que (sans parler de communs, existant jadis et à présent disparus, dans la cour même intérieure du château, à la suite Ouest-Sud de sa bâtisse principale) : les bâtiments, toujours subsistants, de sa ferme voisine, dont nous avons déjà parlé ; et la vaste grange de celle-ci, dans la prairie à l'Est de la douve, où elle existé toujours — ils n'ont aucun intérêt pour le visiteur ; et il serait bien inutile de les lui décrire.

Ce qui piquerait sans doute davantage sa curiosité, ce serait de le transporter — à travers les terres, par d'étroits sentiers, qui ne sont souvent que de simples charrières — à un kilomètre au moins du château sus-décrit, vers une singulière construction — bien rare dans ce pays-ci, et même partout, — connue sous le nom d'*ermitage St-Gerbold* ; mais que bien des Coutançais n'ont, sans doute, jamais visitée, à cause de son éloignement de toute voie publique facilement accessible.

Elle dépendait sans doute originairement du susdit château, vu sa proximité, relative, de celui-ci ; encore bien que, depuis longtemps, elle eût — comme nous le verrons — été transférée à la cure de Gratot, sans doute par un des anciens seigneurs du premier.

Ce qui achéverait de le prouver, c'est la présence, à son intérieur, de quelques sculptures du XVe siècle, analogues à d'autres que l'on trouve, nous l'avons déjà vu, dans l'église paroissiale de ladite localité, indiscutablement édifiée, jadis, par ceux-ci.

Quoi qu'il en soit, c'est là un bâtiment des

plus curieux, ressemblant d'abord à une église du XIIIe ou XIVe siècle avec tour terminée par une sorte de parapet au Nord et au Sud, mais, en réalité, destiné surtout à servir d'habitation à un anachorète; dont, en la tour susdite, on retrouve encore les trois chambres superposées, tandis qu'à la suite de celle du rez-de-chaussée, se voit, vers l'Est, un autre appartement sans doute destiné à ses dévotions, soit publiques soit privées.

Hélas ! à présent, ce pieux escaladeur du ciel a depuis longtemps disparu sans remplaçant ; et, au lieu des pèlerins qui venaient jadis, sans doute, le visiter, — y compris quelques pèlerines pour lui bien disposées, — ce sont de simples moutons que l'on trouve réfugiés dans ce lieu, jadis consacré, qui leur sert d'étable à présent. O vanité des choses d'icibas, et peut-être même de quelques-unes de celles, prétendues, d'en haut !

On n'aura donc pas à regretter d'avoir, en visitant le château de Gratot, poussé jusque là ses pas.

II. — Historique.

A présent, que nous avons, de notre mieux, décrit l'état actuel du château de *Gratot*, il nous faut, aborder une matière différente, bien que directement complémentaire de la première ; et essayer de faire l'histoire de ce castel, au moins à partir de la seconde moitié du XVIIIe siècle, à l'aide des documents authentiques que nous possédons à son sujet.

Car, bien entendu, nous élaguerons ici tout ce qui est simple légende, depuis celle, si connue et devenue si banale, de la *fée* hanteuse et lugubrement vociferatrice des d'Argouges, dont des gens complaisants croient voir l'empreinte (assez peu distincte, il faut en convenir) du pied, sur le seuil de la fenêtre de la tour qui de longtemps porte son nom ; jusqu'à celle qui prétend à l'existence d'un *souterrain* — jadis pratiqué, mais depuis longtemps bouché — entre le château et l'ermitage susdits, pour que l'habitant de celui-ci pût aisément et sûrement se réfugier dans certaines crises, à celui-là, et peut-être aussi communiquer en général, d'une façon secrète, avec le seigneur (ou la dame) de la paroisse !

Nous nous abstiendrons même (si ce n'est par simple allusion nécessaire) de toute affirmation de faits historiques douteux, ou bien déjà rebattus par d'autres chroniqueurs.

Car ce n'est pas de cette viande creuse que, ni nous, ni nos lecteurs, pouvons nous conten-

2

ter, à la place des mets substantiels que nous devons et voulons uniquement servir à ceux-ci !

Laissant donc de côté des traditions par trop fabuleuses, prenons, pour point de départ, le XIIIe siècle, où nous voyons s'installer au château de Gratot, — sans doute dès alors bâti sous la forme d'une forteresse féodale, telles que celle à laquelle nous avons déjà fait allusion, et dont on voit aujourd'hui encore les traces, — pour y demeurer ensuite pendant plus de 500 ans, une famille déjà célèbre dans les fastes de la Normandie, et qui continuera, presque jusqu'à nos jours, d'y occuper une large place.

C'est celle des d'ARGOUGES, venue, disait-on, dans cette contrée, avec Rollon, qui lui donna le fief de ce nom — dont ils tirèrent de suite le leur familial — c'est-à-dire celui de la paroisse d'*Argouges-sous-Mole*, à deux lieues de Bayeux. Nous en avons déjà signalé, comme leur ayant appartenu, bien qu'il ait, vers le commencement du XVIIe siècle, changé de maîtres, le château du XVe, encore actuellement existant comme ferme agricole.

D'origine essentiellement militaire, on le voit, ces gens-là continuent, depuis le Xe siècle, où ils sont débarqués en France, à se signaler par leurs faits d'armes. On les a vus prendre part à la conquête de l'Angleterre, puis aux Croisades, dans le cours du XIe ; et, plus tard, on ne s'étonnera pas de rencontrer, parmi eux, des maréchaux de camp, et des lieutenants généraux des armées du Roi.

Aussi ce dernier — qui a remplacé légalement le duc de Normandie, leur premier bienfaiteur reconnaissant — les a-t-il bientôt comblés de présents territoriaux ; que, d'ailleurs, leur complètent souvent des mariages avantageux avec nombre d'héritières nobles de leur voisinage.

C'est ainsi qu'on les verra devenir, successivement, seigneurs : non seulement d'*Argouges*, susdit, leur point de départ foncier originaire en Normandie, mais encore, dans la même province, de *Ranès* et de *Vaubadon*, non éloignés encore de la première commune susdite ; d'*Argouges*, dans l'Avranchin, à laquelle ils ont donné leur nom ; et, dans le Cotentin, de *Gouville*, surtout de *Gratot*, comme on va l'expliquer tout à l'heure.

La royauté ne s'est pas, d'ailleurs, contentée de les enrichir en terres nobles venues d'elle, elle y a bientôt — c'est-à-dire dès le xv⁰ siècle — ajouté par des titres, non seulement militaires et transitoires, mais encore héraldiques et permanents; qui les ont fait entrer dans la noblesse « titrée », en faisant, de leurs fiefs, ce que l'on appelait des fiefs « de dignité ». C'est ainsi qu'ils sont devenus, d'abord « barons », et, au xvii⁰ siècle, « marquis », de *Ranes*, et aussi, de *Gratot*.

C'est ce que nous révèlent tous les anciens Nobiliaires, et aussi tous les nouveaux — manuscrits ou imprimés — depuis MONTFAUT, en 1463, jusqu'à DE MAGNY, en 1873, et BACHELIN DE FLORENNE, en 1887, en passant, dans l'intervalle, par : DE ROISSY, en 1598, D'ALIGRE, en 1635, CHAMILLARD, en 1666, et, au xviii⁰ siècle, LACHESNÉE DES BOIS, D'HOZIER et CHÉRIN. Tous documents incontestables, tant officiels que privés, que nous n'avons pas besoin, d'ailleurs, de détailler ici, mais que l'on pourra facilement consulter à ce sujet, et qui, les uns comme les autres, s'accordent à constater la glorieuse filiation, et ensuite, extension historique, de la famille en question.

Rien d'étonnant, dès lors, à ce que ses rejetons trouvassent facilement à se marier avec avantage, soit en Normandie, soit dans d'autres provinces françaises, en épousant : les fils, des femmes appartenant aux premières familles du pays — telles que celles des DE GRATOT, au XIIIe siècle; DE GRANVILLE, au XIVe; COSTENTIN DE TOURVILLE, au XVIIe siècle — leur apportant, d'ailleurs, des terres dotales plus ou moins importantes; et les filles, des gentilshommes, de race distinguée — tels qu'un DU HOMMÉEL, seigneur du *Homméel* (maintenant réuni à Gratot), puis de *Sartilly*, à la fin du XVIe siècle — ainsi que le constatent encore les documents généraux héraldiques susdits.

C'est ainsi que, d'après ceux-ci, vers 1250, *Guillaume* d'Argouges épouse Jeanne, héritière du fief de *Gratot*, dont le château — avec terre et droits seigneuriaux en dépendant — devient ainsi, pour jusqu'au dernier tiers du XVIIIe siècle, par droit successoral ininterrompu de mâle en mâle, la propriété de ce gentilhomme, puis de ses descendants successifs.

Il l'avait trouvé, nous l'avons vu, à l'état de *château fort*, et il dut l'habiter tel, ainsi que plusieurs de ces derniers, malgré tous les inconvénients matériels d'une aussi sévère résidence. Car la noblesse, alors, n'en connaissait pas de plus confortable; et, d'ailleurs, ce lugubre genre de construction lui était nécessaire pour se protéger contre les fréquents agresseurs que lui suscitaient individuellement les guerres privées du moyen âge.

Mais, avec la disparition graduelle de celles-ci, et aussi l'influence croissante de la civilisation, tant matérielle que morale, amenée par les approches de la Renaissance, les d'Argouges, comme bien d'autres seigneurs, finirent bientôt par sentir la nécessité de quitter cette espèce de prison militaire — dès lors condamnée à une ruine plus ou moins complète, — pour aller s'installer dans une demeure plus artistique, et surtout plus habitable, que la première.

De là sans doute la construction, au xvᵉ siècle, d'une nouvelle demeure, dans le style domestiquement perfectionné de cette dernière époque ; demeure évidemment élevée, en grande partie du moins, sur le même terrain que la précédente, à ce probablement détruite, et dont nous avons cru, comme on l'a vu plus haut, retrouver la trace dans les deux tours d'escalier, du susdit style progressiste, qui continuent d'orner — en le desservant toujours, au moins l'une d'elles — la façade méridionale du principal corps de logis actuel du château dont est cas.

Par suite d'une idée du même genre, de confortable supérieur, — bien que bien moins heureuse, probablement, dans son exécution artistique, — ce second édifice du xvᵉ siècle, dut, au xviiᵉ, faire place lui-même à la bâtisse, toujours, partiellement, encore aujourd'hui subsistante, qui, depuis lors, a constitué — avec les écuries et le pavillon d'entrée sur la douve (qui sont sans doute du même temps) — le corps principal dudit castel, avec toutes les lourdeurs que comporte ce nouveau style, et qui choquent d'autant plus qu'on les compare involontairement de suite — grâce aux deux reliques architecturales susdites, — avec les élégances certaines de la construction immédiatement antérieure.

Mais nos ancêtres d'alors — nobles comme roturiers — en pensaient sans doute autrement ! Ils aimaient surtout, non seulement leurs aises, devenues de plus en plus exigeantes, notamment en fait d'habitation, mais encore le grandiose, au moins relatif, à l'exemple de leur royal maître ; fallôt-il l'acheter par le sacrifice de toutes les merveilles artistiques de jadis.

Les d'Argouges, comme on le voit, étaient, eux aussi, de leur temps, au xviie siècle, comme ils avaient dû l'être jadis — avec plus de succès artistique — lors de leur construction antérieure; et, quand ils eurent fini celle-ci — ainsi que, sans doute, la réfection dans le style Lenôtre, du *jardin* septentrional en dépendant immédiatement — ils durent en être très fiers, et l'habiter avec délices. Car c'est toujours dans le château en question qu'ils avaient continuellement — au moins en général — résidé, et ne cessèrent de séjourner jusqu'à la fin, à partir de son acquisition matrimoniale du xiiie siècle, au moins en ce qui concerne la branche de leur famille à laquelle il avait été successivement dévolu.

Mais les constructeurs en général, comme chacun sait, ne s'enrichissent guère à bâtir des édifices aussi coûteux ! ils s'appauvrissent gravement, au contraire ! et ce qu'ils ont élevé à si grands frais, ils sont souvent obligés — pour payer les dettes qu'ils en ont contractées — de s'en séparer bientôt en le vendant à des étrangers, en même temps encore que telle ou telle autre partie plus ou moins importante de leur avoir; et les d'Argouges, qui avaient eu si longtemps, comme on le voit, à subir les crises de ce qu'on peut appeler la « maladie de la pierre », ne devaient pas échapper à cette nécessité : même n'ayant jamais, par hypothèse (fort discutable ici, sans doute), commis — à l'exemple de nombre de leurs égaux nobiliaires — d'autres folies que celle-là.

Or c'est précisément ce qui va nous amener à user, maintenant, des « titres privés » qui sont tombés en nos mains; pour étudier authentiquement cette déconfiture si naturelle, et, à leur aide, faire connaître, à nos lecteurs, comment et dans quelles conditions elle a conduit à faire sortir le château en question — et terres en dépendant — des mains de ses possesseurs séculaires susdits, pour le faire, de revente en revente, passer finalement en celles de son dernier acquéreur et maître actuel.

Ils ne remontent pas, il est vrai, au-delà du xviiie siècle — ce qui se comprend très bien, puisqu'aucune mutation de propriété n'avait été, jusque-là, faite par les d'Argouges de *Gratot* — mais, à partir de là, nous allons en être largement dédommagés.

Le premier acte que nous rencontrons à ce sujet — comme préliminaire d'autres bien plus décisifs — en est un du 12 juillet 1766, devant les NOTAIRES de *Coutances* ; dont la collection se trouve maintenant aux mains de Me MARSEILLE, un des tabellions actuels de ladite ville.

C'est une vente, par Jean-Antoine d'ARGOUGES, « chevalier, marquis de *Gratot*, baron de *Gouville*, seigneur de *Brainville*, *Montcarville* et autres lieux » ; et Renée-Louise-Françoise DE FAUDOAS, sa femme,

à Louis DE CARBONNEL, « chevalier, seigneur et patron d'*Anctoville*, *Belval*, *Camprond*, *Marivaux* (en *Cambernon*), etc. », chevalier de St-Louis,

Du fief de *Marcey*, dans l'Avranchin, en la paroisse de ce nom ; avec domaine « non fieffé », comprenant le « patronage » de l'église du lieu, et domaine « fieffé », consistant en nombreuses « rentes et corvées ».

Tel que les vendeurs le possèdent, du chef de

l'épouse, en vertu de leur contrat de mariage reçu par le NOTAIRE de *Quibou*, le 18 mai 1736.

Le prix est de 52,000 livres; dont : 36,200 à garder par l'acquéreur, pour payer, à la décharge des premiers, diverses dettes hypothécaires ; et le reste, en capital d'une rente perpétuelle de 3,000 l. au profit de la susdite dame, dont on venait d'aliéner ainsi la propriété dotale, et qui touche, d'ailleurs, en outre, à cette occasion, des « épingles » de 600 livres.

L'acquéreur susdit devait, au surplus, — comme toujours en pareil cas — satisfaire, vis-à-vis du « suzerain » de la terre noble en question, à tous les « devoirs seigneuriaux » dont était tenu son vendeur. Or ce suzerain n'étant autre que le roi, dont elle relevait directement, la charge n'en devait guère être lourde au point de vue pécuniaire ; c'est ce que nous pouvons supposer par analogie de ce que nous allons voir tout à l'heure en ce qui concerne les fiefs de Gratot.

Ainsi donc, voilà un premier coup de pioche donné dans la fortune immobilière des d'Argouges de l'époque où nous en sommes arrivés. Si leurs revenus n'ont peut-être pas ainsi beaucoup diminué — en admettant que des créanciers chirographaires ne viennent pas, au premier moment, saisir ceux-ci — ils ont certainement, de la sorte, amoindri, plus ou moins fortement, leur capital ; sans compter le désagrément moral — très grave alors — de se défaire ainsi d'une de leurs seigneuries foncières, bien que ce fût aux mains d'un de leurs parents, puisque l'acquéreur n'était autre, selon toute probabilité, que le beau-frère de la venderesse, dont la sœur avait épousé un Carbonnel, frère du piemier, et seigneur de *Canisy*.

Mais voici venir quelque chose de bien plus grave, dont ce premier ébréchement territorial n'était sans doute que le préliminaire; et, après le bien de la femme, c'est celui du mari, qui va disparaître des mains de son titulaire traditionnel.

En effet, le 6 septembre 1771, devant encore les Notaires *de Coutances*, messire Jean-Antoine d'Argouges susdit — prenant, là, les mêmes titres ronflants que précédemment, bien que le nouvel acte en question dût avoir nécessairement pour effet de l'en priver désormais; et y ajoutant même celui de seigneur de *Granville*, à lui venu d'un de ses ancêtres, qui avait eu cette localité, alors insignifiante, par contrat de mariage avec l'héritière de l'endroit, mais dont un de ses descendants avait, en 1439, eu la lâcheté de la céder partiellement, en fief, aux Anglais, alors envahisseurs de la France,

vend — de concert avec sa femme, alors présente — à l'évêque de *Coutances*, Talaru de Chalmazel, (qui le resta jusqu'au moment de la Révolution), en même temps « abbé commendataire » de *Montebourg* et de *Blanchelande*,

tous ses fiefs de la région — et probablement l'ensemble, ainsi, de son dernier avoir foncier — savoir :

D'abord, la seigneurie de *Gratot*, avec : son domaine « non fieffé » (c'est-à-dire resté aux mains de son maître, en exploitation directe, ou par fermiers), comprenant le château susdit et ses dépendances — jardin, bois, fermes, etc.— et aussi son domaine « fieffé » (ou jadis subinféodé à des « vassaux », en « arrière-fiefs », et, depuis lors, représenté, pour l'ancien sous-fieffant, par des « rentes et corvées » plus ou moins importantes, constituant ce que l'on appelait ordinairement le « gage pleige » de la terre noble principale et non encore aliénée.

Seigneurie qui elle-même n'était qu'un sous-fief « mouvant » de l'énorme « marquisat » de *Marigny*, aux mains alors d'un MARNIÈRE DE GUER.

Ensuite les fiefs de *Montcarville* et *Groucy* en Montcarville (maintenant rattaché administrativement à Gouville), *Guéhébert* en Tourville, et *Nicorps* : tous relevant, en « arrière-fiefs, » de *Gratot*.

Enfin, ceux de *Brainville* et *Mondreville* en Brainville, et de l'*île* et *la Mare* en Nicorps ; mouvant, eux, « directement du roi ».

Et ce, encore tant en domaine « non fieffé » que « fieffé ».

Plus, la nomination, par « patronage », aux *deux cures* de *Gratot*, — qui comme on le voit, était religieusement bien pourvu, — et à celles de *Brainville* et *Montcarville*.

Sauf réserve générale d'usufruit, au profit du vendeur, — mais de lui seul, et sans que cet avantage s'étendît à sa femme. Il avait sans doute cherché, par cette sorte de trompe-l'œil futur, à pallier, aux yeux du public, — du moins pendant sa vie, — sa défaite financière, cependant bien réelle.

Prix du total de la susdite énumération — dont les différents articles ne sont pas, du reste, à ce ventilés : 177.000 livres ; à même lesquels l'acquéreur (qui en garde ainsi, en ses mains, la plus grande partie), constitue deux rentes « viagères » : une de 4,000 liv., avec reversibilité, au profit des deux époux d'Argouges ; et une autre de 8.000, à celui du mari seul, qui, encore à cet égard là, n'avait surtout songé qu'à lui-même, sans du reste avoir à se préoccuper d'une postérité non existante.

Il est vrai qu'en outre du prix susdit, le « révérendissime » acheteur voulait bien remettre, galamment, à madame la marquise de Gratot, — sous le titre d' « épingles », — une « bourse » de cent louis — ou 2.400 livres — plus 200 livres au « premier valet » du château, pour la « domesticité » de celui-ci.

Il n'en est pas moins clair que, de la sorte, les d'Argouges susdits — déjà diminués, comme on l'a vu, par l'aliénation de la terre de Marcey, — se dépouillaient définitivement, et cette fois à « fonds perdu », de la partie la plus importante des anciennes propriétés du mari dans le Cotentin; et, parmi elle, en première ligne, du fameux castel qui en était, à *Gratot*, le centre supérieur. Leur débâcle financière était donc désormais complète !

Ce château — avec ses dépendances — à donc, de la sorte, irrémédiablement changé de maître; et celui qui y régnait jadis n'en est plus le restant de sa vie — qui ne devait guère se prolonger (il dut mourir, comme nous allons le voir, en 1777) — à vrai dire, que le gardien, et en quelque sorte le concierge, pour autrui.

Ce n'était pas, du reste, la première fois que le susdit marquis d'Argouges touchait, ainsi, à sa fortune propre. Il l'avait déjà fait, bien que dans de minimes proportions, dès le 13 juillet 1751, que, devant les NOTAIRES *d'Avranches*, il aliénait, pour une rente perpétuelle de quatre cents livres, la petite terre de la *Provostière*, qu'il possédait à Dragey. Au moins, en agissant ainsi, ne faisait-il, peut-être, que de trans-

former, et même améliorer, une faible partie de
son revenu. Mais, sans doute le besoin d'argent
comptant le poussant, il ne s'était pas longtemps
borné à cette première opération telle quelle.
Car, dès le 22 juin 1752, devant les mêmes
NOTAIRES, il transportait la rente précitée à un
étranger, moyennant un capital de 10,000 livres, qui, selon toute probabilité, disparut
bientôt de ses mains, pour l'acquit de dettes,
soit antérieures soit subséquentes. C'est ce qui
résulte d'un document qui vient de nous être
communiqué, venant, d'ailleurs, d'une autre
source que ceux dont nous nous étayons surtout, comme on l'a dit plus haut, dans le présent récit; et sur lesquels nous allons continuer
à nous appuyer principalement — sinon exclusivement — désormais.

Mais on comprend que cette première baga-
telle de dilapidation de ses terres personnelles
— suivie, d'ailleurs, ainsi qu'on l'a vu, quelques années après, d'une aliénation, bien plus
importante, à même celles de sa femme —
n'avait rien de comparable à la véritable débâcle (au moins relative) que constituait, fon-
cièrement surtout, la vente ci-dessus de son
vaste et traditionnel domaine *de Gratot* ; auquel
nous allons revenir maintenant, pour nous y
consacrer exclusivement à l'avenir.

Celui-ci était donc ainsi désormais — sauf
l'usufruit viager que s'en était réservé le vendeur qui ne devait le conserver qu'une quin-
zaine d'années (jusqu'au 19 octobre 1777, jour
de sa mort, arrivée à *Gratot*, où, bien qu'il ne
fût plus, à vrai dire, son seigneur, on l'inhuma,
comme ses ancêtres, dans le « chœur » de l'é-
glise) — passé définitivement aux mains d'un
tiers : lui aussi de très haute volée, du reste.

Mais cet éminent acquéreur, — qui joignait,

à une noblesse ancienne (originaire du *Lyonnais*), le titre sacerdotal éminent d'évêque de notre région, — ne devait pas jouir longtemps de son achat susdit, qui ne fit, en quelque sorte, que passer un instant dans ses mains distinguées.

En effet, il allait, presque de suite, s'en voir évincé — moyennant remboursement de ses débours déjà faits, et aussi la prise en charge des deux rentes viagères susdites, — par suite d'un « retrait lignager », ouvert légalement, alors, à tout parent qui voyait sortir ainsi de sa famille un « propre » y existant, jusqu'alors, de son « côté et ligne », c'est-à-dire, en l'espèce, par filiation paternelle.

Le retrayant, à cette occasion, fut un sieur DU HOMMÉEL (Bon-Luc-Jacques-Charles), membre du *conseil supérieur* de *Bayeux* (juridiction normande suprême, qui avait récemment remplacé, — pour un temps, du reste, assez court, — en Basse-Normandie, l'ancien Parlement de cette province, par suite des réformes du chancelier Maupéou), et, sans nul doute, issu de ce seigneur de *Sartilly* qui avait — à la fin du xvi\ siècle — épousé, comme nous l'avons dit, une fille d'Argouges.

Il n'y avait pas à contester sa réclamation à ce sujet ; déclarée, d'ailleurs, pleinement valable par sentence du BAILLIAGE de *Coutances*, en date du 29 mars 1773.

Aussi voyons-nous, le 3 avril suivant — toujours devant les NOTAIRES de *Coutances* — remise lui être faite, par l'évêque TALARU, à ce représenté par Claude de la Couture, conseiller au susdit présidial, de l'effet entier de la vente, susdite, du 16 septembre 1771.

Désormais donc c'est la famille du Homméel qui va s'installer, et trôner, au château de Gratot, ainsi que sur toutes ses diverses dépendances plus haut sommairement décrites. Et, en effet, elle y transporte bientôt son domicile, et en jouit, d'abord, en toute sécurité.

Mais, au bout de quelques années, les choses, pour elle aussi, changent de face. Son chef, décède le 25 avril 1785, à *Gratot* (où il fut inhumé dans son « cimetière »); et la veuve de celui-ci — née Marguerite-Louise DE PERCY (issue sans doute, de l'ancienne famille de ce nom, qui avait la seigneurie de la paroisse Cotentinaise aussi désignée, et à laquelle appartiennent aussi, en Angleterre, les ducs de Northumberland), tutrice de ses deux enfants mineurs — Luc-Marie et Jeanne-Bernadine DU HOMMÉEL, — se sentant, ainsi qu'eux, du chef de leur père, accablée de nombreuses dettes, (de même que nombre d'autres nobles d'alors), ne voit d'autre moyen d'y satisfaire que de se défaire, elle aussi, du domaine de *Gratot*, avec toutes les parties qu'il comporte.

C'est à quoi l'autorisent, et une délibération de CONSEIL DE FAMILLE du 13 janvier 1786, et une ORDONNANCE, du même jour, rendue, au *Bailliage de Coutances*, par le lieutenant-général civil DESMARETS, seigneur de *Montchaton* et autres lieux — celui-là même qui, plus tard, devait, en 1789, présider à la réunion Coutançaise des « trois ordres » du bailliage du Cotentin pour la nomination de ses députés aux prochains états généraux.

Elle est, de la sorte, investie de la faculté de vendre ledit domaine par « loi outrée » — c'est-à-dire aux enchères (V. DUCANGE : *dic-*

tionnaire de la basse latinité, au mot *ultragium*), et d'après un « cahier des charges », fort curieux à étudier, surtout quant à la désignation — bien plus détaillée que précédemment — des objets à aliéner.

Ceux-ci sont les suivants — dont les uns, « relèvent » du MARQUIS de *Marigny* (ce qui existe pour, de beaucoup, leur majeure partie); et les autres, directement, du ROI ; à charge, vis-à-vis du premier, de 6 livres seulement de rente, et du second, simplement d'un « épervier » de chasse, annuels. Ce qui était assurément peu, et même, à vrai dire, purement nominal, comme redevance ; mais cela s'explique parfaitement par la nature, à l'origine, principalement « militaire » de pareils fiefs, dont la concession entraînait surtout, pour le vassal, sa présence, armée, sous la bannière du suzerain, à première réquisition de celui-ci :

C'est, d'abord, le « fief » de *Gratot* proprement dit ; de *la Mare*, et de *l'Ile*, en ladite paroisse, avec le « patronage » de ses deux cures ; en plus, celui de *Vichard*, en *Geffosse*, réuni au premier, jadis, par suite de « clameur féodale » — sorte de « retrait » que tout « suzerain » pouvait exercer dès qu'un de ses « vassaux » venait à vendre, au profit d'un « étranger », la terre qu'il lui avait autrefois concédée.

C'est, ensuite, le « fief » de *Montcarville*, et de *Groucy* en cette paroisse (alors distincte, et maintenant réunie à *Gouville*), avec «patronage» de la cure ; jadis encore réuni à celui de *Gratot*, par «retrait féodal».

Puis, celui de *Brainville*, avec nomination à la cure ; et de *Mondreville* à Brainville.

Celui de *Guéhébert*, en *Tourville*.

Enfin, celui de *Nicorps* ; de l'*Ile*, et de *Viliers*, en cette dernière paroisse.

Le tout — tant en domaine « non fieffé », qui comprend :

A *Gratot*, le château, avec les jardins, « pépinière », et terres qui s'y rattachent immédiatement ; en tout, 208 vergées (sans nul doute, alors, en entier, directement exploitées par le propriétaire lui-même) ; la ferme de la « basse-cour » (dont nous savons déjà la situation quant à ses bâtiments), contenant 158 vergées ; et celle dite de « Chanteloup » — à un demi kilomètre au sud-est du village de Gratot avant d'arriver de Coutances à celui-ci — de 113 vergées d'étendue superficielle ;

et, à *Nicorps*, une ferme de 91 vergées ;

Qu'en domaine « fieffé », renfermant un « gage pleige » de rentes — en froment et en orge et avoine — de 730 boisseaux, environ, valant à peu près 4.000 livres par an ; et, en outre, de « menues redevances », notamment en « poivre », et « bécasses », de 220 livres de valeur monétaire, par an.

Avec réserve, pour la veuve du Homméel — dès à présent sortie du château susdit, et résidant, provisoirement, à *Coutances*, au couvent, bénédictin, des religieuses de *Notre-Dame des Anges* (le bâtiment actuel du tribunal civil) — de conserver, au moins jusqu'à la majorité de son fils, qui aura lieu en 1791, deux appartements dans ledit castel, pour y laisser déposés ses meubles, qu'elle n'avait pu transporter, avec elle, dans son nouveau séjour momentané.

Comme prix, l'acquéreur futur — en outre de l'acquit, à l'avenir, des « droits seigneuriaux » susdits, et de la rente viagère de 4,000 livres restée due à l'ancienne marquise du lieu, la dame d'Argouges (dont le mari était, comme nous l'avons déjà vu, décédé dès 1777); ce qui

avait éteint sa rente viagère personnelle, de
8,000 livres, également précédemment mentionnée, comme condition de la vente de 1771)
— devait faire face à une centaine de mille
livres de dettes grevant aussi lesdits immeubles.
Le tout en diminution dudit prix ; dont le reliquat, encore inconnu, reviendrait, ensuite,
aux mineurs du Homméel, précités, et surtout
au fils, en vertu de son privilège légal de « mas-
culinité », comme, dans l'espèce, de « primo-
géniture » chronologique.

Ce reliquat — malgré la déduction dès
maintenant stipulée, susdite — devait, d'ailleurs, selon toute apparence, exister ; et même
être assez considérable, vu les offres déjà faites
officieusement par des amateurs, connus, du
domaine en question.

Effectivement, le 27 octobre 1788, au jour
fixé pour son adjudication devant le BAILLIAGE
de *Coutances* — sur requête préalable, *ad hoc*,
de la susdite dame : Marguerite-Louise DE
PERCY, veuve de feu « messire » Bon-Luc-Char-
les DU HOMMÉEL, « chevalier, seigneur et patron
de *Gratot, Tourville, Montcarville*, et *Nicorps* », tutrice de leurs enfants mineurs — le
domaine en question était, par enchère, vendu,
sous les conditions susdites, — et pour un prix
total de 260.000 livres — à Guillaume-Fran-
çois D'OUESSEY, conseiller (depuis 1758) au
parlement de Normandie, et déjà seigneur à
Saint-Georges-de-Rouelley ; appartenant à une
famille noble du Mortainais, dont le fief pri-
mitif, du même nom (et dont elle avait sans
doute pris le sien), se trouvait en la paroisse
du *Teilleul ;* sans préjudice d'autres posses-
sions terriennes, notamment à *Landelles*, où
le gentilhomme en question était né.

C'est lui que, l'année suivante, nous voyons
figurer, à Coutances — comme « seigneur »
notamment de *Gratot* et dépendances, dont il

avait ainsi acheté la totalité — sur le « procès-
verbal des trois ordres » dont nous avons déjà
parlé, parmi les nobles du Cotentin y possédant
un fief quelconque.

Voilà donc ainsi paraître un nouveau maître
dudit domaine, qui va le conserver jusqu'à sa
mort, arrivée, à *Coutances*, le 25 nivose an X,
et-où il aura continué de résider, en général, à
partir de son acquisition ; sans prendre part à
l'émigration de bien d'autres nobles de la contrée, qui n'eût pas manqué de l'en irrévocable-
ment dépouiller, par suite de la confiscation, de
droit révolutionnaire, qui en aurait été la suite
forcée.

Il n'en est pas moins vrai que son acquisition territoriale susdite avait — par le fait
même de la Révolution, et de ses lois aboli-
tives du système féodal en son entier, même
des rentes seigneuriales jadis créées pour prix
des « sous-inféodations » et « accensements »
de portions plus ou moins importantes des primitives « terres nobles » (et ce sans aucune
indemnité) — singulièrement diminué de valeur
si non quant au domaine « non fieffé de *Gratot*
et *Nicorps*, du moins quand au « fieffé » ou
gage pleige » ; qui avait ainsi complètement et
gratuitement disparu. C'était, là, une perte
d'au moins 4,000 francs par an, représentant
un capital d'environ cent mille francs, dont le
récent acquéreur de l'ensemble des biens à lui
cédés en 1788 s'était tout à coup vu priver,
sans aucune diminution, pour cela, de son
prix d'adjudication ci-dessus indiqué.
Sans doute il n'avait plus, lui non plus, de
droits seigneuriaux à payer au Roi, ni au marquisat de Marigny, qui du reste allaient bientôt
disparaître. Il y gagnait un « épervier » et six

livres de moins à payer par an. Mais on comprend que ce soulagement était bien peu de chose en présence de l'énorme perte susdite.

Sans doute, encore, le domaine avait été grossi, dans le même intervalle de l'*ermitage* précité, de *Saint-Gerbold*, et de la vergée de terre, au maximum, au milieu de laquelle il avait jadis été bâti et qui en dépendait. Car il se l'était — à une date que nous ne connaissons pas, et par un acte qui ne nous est pas parvenu ; peut-être même verbalement — fait céder (ainsi que cela résulte d'ailleurs d'autres documents certains), par le sieur Dufouc-Maisoncelles, de *Gratot*, ancien avocat au parlement de Normandie, et ensuite, en 1790, procureur syndic du District de Coutances ; qui devait plus tard, — en l'an V — devenir, un instant, jusqu'au coup d'état du 18 fructidor de ladite année, membre du Conseil des Anciens. Celui-ci l'avait acheté nationalement, comme bien ecclésiastique devenu national, par adjudication, devant ledit District, le 17 février 1791, moyennant 1400 francs ; en même temps que d'autres objets ayant jadis dépendu de la « cure » de cette commune. Mais il ne devait guère tenir à le conserver, puisqu'il n'était ni productif ni voisin du restant de ses propriétés dans celle-ci ; tandis qu'il convenait très bien au maître actuel du château de Gratot, ne fût-ce que comme dépendance, sinon originaire, au moins naturelle, de ce dernier, auquel il avait dû appartenir jadis, et qui, en tout cas, en était très voisin.

Mais on sent encore très bien que cette acquisition nouvelle — dont il avait, d'ailleurs, fallu rembourser le prix, et qui ne rapportait à peu près rien — était, elle aussi, une bien faible compensation à la perte considérable, de revenu foncier, ci-dessus énoncée.

Cette perte — en se combinant avec la néces-

sité de continuer à acquitter intégralement les
charges annuelles, et autres, grevant l'acquisition de 1788, tant du chef des anciens propriétaires que dé celui des nouveaux, et désormais
inscrites sur elle en vertu de la nouvelle loi
hypothécaire du 11 brumaire, an VII — devait
fatalement amener, encore une fois, pour leur
liquidation soit volontaire soit forcée, la revente
desdits immeubles ; surtout quand, après la
mort du sieur Douessey, en l'an X, sa veuve,
née Jacqueline-Gabrielle Auvray de Fincel (na-
tive de *Tessy*, et décédée à *Coutances*, le 25 no-
vembre 1836), et les trois enfants issus de leur
union — savoir : un fils, Louis-Gabriel d'Ouessey, et deux filles : Marie-Rosalie, plus tard
femme Bonnet, et Marie-Louise-Hélène, après
femme Letenneur — durent, inopinément, ré-
pondre à une aussi perplexe situation.

Celle-ci le devint encore plus quand, en
l'an XI, ladite famille se vit l'objet de pour-
suites en expropriation immobilière du domaine en question, par un créancier non payé,
depuis plusieurs années, des intérêts à lui dûs.
Cette fois on n'avait plus à délibérer, et il
fallait bien, pour se tirer de la situation inextri-
cable où l'on était depuis longtemps, et de plus
en plus engrené, non seulement par la dette
susdite, mais encore par bien d'autres, vendre
à l'amiable, ou plutôt laisser vendre en justice,
le domaine de *Gratot*, avec toutes les terres
qui en avaient jadis dépendu.

Et c'est en effet ce qui s'opéra devant le
tribunal *de Coutances*, sur la saisie précitée,
le 17 frimaire, an XII, après lecture d'un
« cahier des charges » fort instructif, et que fera
bien de méditer, avant de commencer ses réparations, le futur restaurateur du château en
question. Car on y trouve une description minu-

tieuse des appartements qui s'y trouvaient, tous encore, alors, et dont nombre ont dû, depuis lors, nécessairement disparaître, grâce surtout à la chute, déjà signalée, de toute l'extrémité Est de son principal corps de logis.

D'après cet intéressant document, la vente de cet ensemble de biens — jusque-là toujours adjugés en bloc — se fera, cette fois-ci, en trois lots.

Le 1er se compose, avant tout, dudit château, dans lequel se trouvent, à ce moment-là, les locaux d'habitation suivants :

Au *rez-de-chaussée* : un office; appartement à côté, nommé la « Commune »; 2 caves; 3 caveaux ; un « charnier » (ou saloir de viande); une autre salle appelée l' « infirmerie »; et quatre petits appartements, dont une salle.

Au *1er étage* : deux grandes salles « d'été, et d'hiver » (ce sont, sans doute, celles que nous avons précédemment décrites, dans notre premier chapitre); un salon « de compagnie »; trois chambres et quatre cabinets; corridor, et trois autres chambres avec cabinets; plus une salle dite « boudoir ». Détail énorme, dont certainement une partie, actuellement introuvable, devait — de même qu'au reste, portion des compartiments susdits, du rez-de-chaussée — être située dans la fraction, de cet immeuble, actuellement démolie.

Au *2e étage* : quatre chambres, un « chartrier » (qui naguère se voyait encore au bout Ouest), avec cabinet en dépendant. Enumération, cette fois, bien plus restreinte, par la bonne raison qu'on y a négligé les simples « mansardes » ayant, de tout temps, composé la majeure partie de l'étage en question.

Enfin, *au-dessus* — par suite au *3e étage* — neuf chambres, six cabinets et un corridor.

Locaux importants, qui ne peuvent avoir existé que dans la partie disparue dudit corps de logis. Elle seule, en effet, pouvait présenter cet étage là — accédé, d'ailleurs, par les portes correspondantes, et toujours visibles, de la tour *de la Fée* — car on en chercherait vainement un de ce genre dans les portions restantes dudit bâtiment.

Le tout — avec les greniers recouvrant cet ensemble de locaux — desservi par *trois escaliers;* qui, en effet se retrouvent encore aujourd'hui, comme on l'a déjà vu, en y comprenant celui de la susdite tour; qui était donc, encore une fois, alors, en communication avec des appartements d'un corps de logis aujourd'hui détruit dans ses environs;

plus — comme accessoire extérieur dudit principal bâtiment — les écuries, le précédant, au Sud, avec pavillon central d'entrée, et en formant l'avant-corps, ainsi que nous le voyons encore à présent; plus, aussi, un « colombier » qui, sans doute, n'était autre que la vieille tour du xiiie siècle, sise au bout Ouest de ce dernier, et à laquelle on avait fini par donner cette destination bien vulgaire quoique toujours sentant l'ancienne féodalité.

Ce lot comprend, ensuite, toutes les dépendances immédiates du château susdit, de quelque nature qu'elles soient, c'est-à-dire : tant son « jardin » au Nord, que la « ferme » au Sud, de sa douve; avec l'avenue ou « chesnaie » conduisant d'abord à cette dernière; et aussi les divers champs s'y rattachant traditionnellement.

Il embrasse, enfin, *l'ermitage St-Gerbold,* plus haut mentionné : bâtiment et terrain le constituant.

Le 2e lot, maintenant, se compose de la ferme

de *Chanteloup*, déjà précédemment aussi mentionnée.

Enfin, le 3ᵉ comporte uniquement la terre de *Nicorps*, que nous avons également déjà plus haut citée, mais qui, dans le présent travail, ne nous intéresse nullement.

Tel était, dans sa division trépartite, le total tes biens à adjuger, et pour lesquels les amadeurs, encore cette fois, ne manquaient pas.

Un, surtout, devait venir en première ligne : à savoir la veuve D'OUESSEY elle-même, habituée, depuis longtemps déjà, à résider dans le castel de *Grâtot*, au milieu de son accompagnement territorial susdit ; et, d'ailleurs, intéressée personnellement à pousser les enchères, vu ses reprises matrimoniales importantes (un JUGEMENT du TRIBUNAL de *Coutances*, du 3 thermidor, an XI, les avait fixées à plus de 140.000 francs) sur la succession de son mari.

Aussi ne sommes-nous pas surpris de la voir se rendre adjudicataire, le susdit jour, des trois lots précités ; qui lui furent ainsi transmis pour un prix total de 129.100 francs. Ce qui certainement n'était pas cher pour de telles constructions seigneuriales, et autres, et, surtout, pour une si grande étendue de terrain cultivable.

Maintenant, ce prix, quel qu'il fût, il fallait le distribuer entre les nombreux créanciers inscrits sur ces divers immeubles, tant du chef du dernier *de cujus*, que de celui des précédents propriétaires des domaines ainsi récemment adjugés ; et, comme on ne put, sur ce point, s'entendre à l'amiable — vu l'insuffisance évidente dudit prix pour les satisfaire tous — force fut bien de recourir à un « état d'ordre » judiciaire, que le TRIBUNAL de Coutances, susdit, régla — du moins sauf appel — le 30 frimaire, an XIII ; en réservant, toutefois, sur les 129,000 francs, environ, à distribuer, une somme de 52,000 francs restée litigieuse, jusqu'à justifications respectives ultérieures, entre les héritiers DU HOMMÉEL, d'une part — pour leur reliquat prétendu de la vente aux enchères de 1788 — et, d'autre part, la veuve D'OUESSEY, pour ses reprises matrimoniales ; où figurait, avant tout, la vente, du vivant de son mari, d'un bois dit de *la Roquelle*, à *Néhou*, à elle jadis appartenant.

Sur ce, plaidoiries interminables, tant devant le susdit TRIBUNAL, en 1re instance, qu'en appel, devant la COUR de *Caen*. Si bien qu'au début de l'année 1826, le débat n'était pas encore terminé pour fixer qui, des deux litigeants, devait passer le premier sur les 52,000 francs susdits, ni même à quel chiffre réel se montait la créance de chacun d'eux.

Cela menaçait de s'éterniser au profit des gens de loi, bien plutôt qu'à celui des deux adversaires, quand, enfin, de guerre lasse, ceux-ci finirent par transiger moyennant un certain chiffre que la dame d'Ouessey consentit à verser à ses antagonistes : voulant bien, de leur côté, diminuer, de beaucoup, à cette occasion, leurs prétentions primitives, qui montaient à plus d'une centaine de mille francs, et qu'ils réduisaient, ainsi, à une trentaine de mille, ce qui constituait encore une jolie somme à payer pour l'acquéreuse de l'an XII.

Quelque restreinte que fût ainsi, désormais, cette dette spéciale — qui montait encore, de la sorte, à un chiffre assez haut, et qui, d'ailleurs, n'était pas, pour elle, la seule à acquitter, même en vertu de l'état d'ordre de l'an XIII, qu'elle n'avait que très partiellement exécuté — il fallait donc, à la dame d'Ouessey, de l'argent comptant pour y satisfaire, ainsi qu'au restant de ses obligations foncières diverses susdites.

Or elle ne pouvait s'en procurer — surtout pour le chiffre considérable auquel s'élevait cet ensemble de passif — que par l'aliénation, susvisée, du domaine de *Gratot* ; auquel, d'ailleurs, ne se rattachait plus la terre, bien moins importante, de *Nicorps*, dont elle avait déjà disposé pour ses plus pressants besoins personnels.

Autant en avait-elle fait, du reste, aussi, de son bien « propre » de l'*Ecoulanderie*, près Coutances, à elle venu, non par achat, mais par succession du côté de sa mère, qui était une DE CHANTEPIE, nom du dernier possesseur de ce fief au moment de la Révolution, et pour lequel il avait comparu, comme « noble foncier », en 1789, à la réunion coutançaise, des « trois ordres » que nous savons. Après en avoir hérité *ab intestat*, comme d'un proche parent, elle avait, le 27 mai 1821, devant PITON, notaire à *Coutances* (étude actuelle de M⁰ DELARUE), vendu cet immeuble à un sieur LEBRETON, avocat en ladite ville, dont il devait, plus tard, devenir le sous-préfet. Celui-ci, en mourant, le laissa à sa fille — qui plus tard devait devenir — Madame LEMARIÉ, récemment décédée à son tour, sans autres héritiers que des parents éloignés, qui en sont actuellement propriétaires.

Et le prix de cette dernière vente avait été de suite absorbé par des créances hypothécaires autres que celles pesant spécialement sur le domaine de Gratot.

De telle sorte qu'il fallait toujours en revenir à l'aliénation de celui-ci, pour arriver à boucher, enfin, l'énorme crevasse financière qui restait encore à combler — même à sa propre occasion — par la susdite veuve.

Au surplus, celle-ci n'avait plus, depuis longtemps déjà, guère à tenir, en cette circonstance, moralement compte des répugnances possibles, et même probables, de sa progéniture, — notamment de son fils, déjà susmentionné, — à la vente de cette ancienne seigneurie.

En effet, ce dernier — François-Louis-Gabriel D'OUESSEY — bien qu'il pût, à certains points de vue, flatter l'amour-propre de sa « noble » mère, comme ancien émigré, ayant alors servi dans les armées royalistes, et comme ayant, à ce moyen, lors du retour du souverain Français « légitime », obtenu le grade de capitaine de cavalerie, et la décoration de Saint-Louis ; puis comme étant récemment, après sa retraite de l'état militaire, devenu conseiller municipal de Coutances, où il s'était retiré : titre local qui signifiait alors quelque chose de plus ou moins distingué chez son bénéficiaire — il s'était néanmoins attiré sa réprobation, et même sa malédiction indignée, en se liant, depuis plusieurs années, avec une « roturière » d'assez médiocre étage, dont il avait même eu une fille, en 1812, et avec laquelle il finit — malgré toute l'opposition de son auteur, à laquelle il dut, pour y parvenir, faire des sommations dites « respectueuses » — par se marier, à *Coutances*, le 14 juillet 1821, en « légitimant », à la même occasion, l'enfant susdit, alors âgée de neuf ans.

Et c'est cependant cette dernière — née bâtarde, et à lui tardivement, rattachée au moyen seul d'une pareille « mésalliance » — qui devait bientôt uniquement lui succéder, vu son décès arrivé, en la susdite localité, le 30 janvier 1823 : par suite, moins de deux ans après ce — moralement comme socialement — très imparfait replâtrage généalogique.

Madame d'Ouessey mère n'avait donc plus, surtout après ce dernier événement, à conserver *Gratot*, pour ménager la susceptibilité et l'amour propre — sinon l'intérêt matériel — héréditaires, d'un descendant qui, à ses yeux, n'était plus qu'un « descendu », et qui, d'ailleurs, venait de disparaître de la scène du monde, en n'y laissant, derrière lui, qu'un rejeton, « féminin », d'une très désagréable provenance maternelle. Et comme, d'ailleurs, elle n'avait plus, ainsi qu'on l'a dit, d'autre moyen (sauf recours, naturellement désastreux, aux usuriers du pays), que la prompte aliénation de ce domaine, pour se dépêtrer — notamment vis-à-vis des héritiers du Homméel susdits, quant à la somme, encore importante, dont ils avaient fini par se contenter, à condition d'un paiement immédiat — du restant, toujours, formidable, de ses embarras financiers, elle ne devait plus, à aucun point de vue, balancer désormais à recourir à une semblable opération.

Aussi la voyons-nous, le 17 février 1826 — après toutes les démarches préalables, de publicité, et autres, propres à lui procurer un prix aussi avantageux que possible de l'immeuble en question dans toute son étendue — comparaître, devant M⁰ GUILLOT, notaire à *Coutances* (étude présente de M⁰ MARSEILLE), pour consentir à la vente de celui-ci ; auquel elle avait fini

par trouver un acheteur réunissant toutes les
conditions qu'elle pouvait, en pareil cas, espérer.

Elle y aliénait ainsi :
Le *château* que nous connaissons, tombé, dès
alors, « en ruine » — ce qui indique que la chute
de sa portion Est s'était opérée avant ladite
date, bien qu'après, nous le savons, celle de
brumaire an XII. Elle se place évidemment
entre ces deux extrêmes chronologiques ;
La ferme de la *basse-cour*, à lui contiguë — dé
59 hectares d'étendue ;
Celle de *Chantelou* — de 18 hectares ;
Plus l'*Ermitage Saint-Gerbold*, avec la petite
pièce l'entourant.

Le tout pour le prix suivant :
Service, à l'avenir, de deux rentes perpé-
tuelles, de 600 francs en total par an, grevant
le domaine en question.
Et paiement d'un capital de 106,000 francs,
dont : moitié, environ, à des créanciers y inscrits, y compris les héritiers du Hommée! susdits — qui n'étaient autres que les deux enfants
du retrayant de 1773, savoir : un fils, Luc-
Marie, alors domicilié à *Pontivy*, et une fille,
Jeanne Bernardine, religieuse et devenue supérieure des Augustines de *Bayeux* — et l'autre
moitié, aux mains mêmes de la venderesse.

L'acquéreur — à ces conditions là — est un
sieur Pierre-Charles QUESNEL, dit d'*Hectot* (probablement d'une autre terre, à lui venue de
ses parents — il y en a une de ce nom, par
exemple, à St-Denis-le-Vêtu), propriétaire à

Coutances, où il habitait l'hôtel, à lui appartenant également, qu'occupe, à présent, le directeur de la poste; fils d'un QUESNEL, dit de *la Boudière* (terre aux portes de ladite ville, sur la route de Coutainville), lieutenant général au Bailliage de Coutances.

Très satisfait de son acquisition de Gratot, on le vit, ensuite, souvent la visiter, et même séjourner, de temps en temps, dans le Château délabré qui en dépendait. Il y avait ses appartements, et même une bibliothèque, installée dans l'ancien *Chartrier*, que nous connaissons. Si bien que, quand il décéda, à *Coutances*, le 11 mars 1852, on transporta sa dépouille funèbre à ladite commune, pour l'y enterrer dans son cimetière, où on peut encore voir son tombeau.

Comme il n'avait jamais marié, et, par conséquent, ne laissait pas de postérité légitime, sa succession — y compris le domaine dont s'agit — revenait à la descendance de son frère aîné, Jean-Jacques QUESNEL, dit de *la Morinière:* du nom d'une terre, à *Pirou*, ayant appartenu à sa femme, fille d'un CHRISTY, sieur de *la Morinière*, gentilhomme, et lieutenant particulier au susdit bailliage. Celle-ci était, depuis la mort de son père, arrivée avant la Révolution, dame de *Hauteville-sur-Mer*, dont le château — toujours subsistant, et connu sous le nom dès *Pavillons* — lui appartenait à ce titre.

De ce mariage — contracté vers 1793 — étaient issus deux enfants : un fils, Adelphe-Félicisme (en ce temps-là on choisissait souvent, aux nouveau-nés, des prénoms assez cocasses!), né à *Coutances*, le 10 prairial an XI; et une fille, Monique-Zulmé, née à *Coutances* dès le 3 thermidor an III, et décédée, à *Rennes*, vers 1869, qui devait épouser un D'ANFERNET DE PONTBELLANGER.

Le premier s'étant marié, vers 1830, avec une fille Desmares, de *Saint-Vigor-le-Grand*, près de Bayeux, en eut lui-même deux rejetons : deux filles, dont l'une, Euphémie, devait épouser un MICHEL D'ANNOVILLE, appartenant à une des plus anciennes familles nobles du Cotentin; et l'autre, Marthe, devait rester célibataire, jusqu'à sa mort, le 25 mai 1908, à Coutances, où elle habitait l'ancien hôtel Frémin du Mesnil, rue *St-Martin*, dont elle avait, en 1883, fait l'acquisition personnelle.

Adelphe Quesnel, précité, avait précédé son père dans la tombe, le 25 juin 1845, à *St-Vigor* (comme nous le savons, pays de sa femme). Car celui-ci — qui habitait à Coutances, rue dite alors *des Cohues* (à cause du Présidial, et autres anciennes juridictions, qui en étaient voisines rue *du Siège*), dans l'ancien hôtel Poupinel de Quettreville, (où est maintenant le *musée* de la ville, et le logement du personnel de son *jardin public*; et ce en vertu d'un legs, de tout cet édifice, et terrain, par ledit Quesnel), qui lui avait été revendu par Gabriel d'Ouessey, déjà susmentionné, qui l'avait lui-même acquis, en l'an XI, par acte devant LEBRUN, notaire à *Coutances*, du 19 pluviôse — ne décéda qu'en 1852, le 23 janvier; mais avant, par conséquent, son frère précité, dont, par suite, il ne devait pas recueillir personnellement l'hérédité.

Celle-ci revenait donc — de même, au surplus, que celle de son aîné, qui ne l'avait précédé, dans la mort, que de deux mois — d'une part, à la dame de PONTBELLANGER, sa nièce précitée, pour une moitié, et, pour l'autre, — par subdivision égale — à ses deux petites nièces, également susmentionnées.

Dans les partages qui s'en suivirent, *Gratot*

échut à Marthe QUESNEL, l'une de celles-ci ; et elle le conserva jusqu'à sa mort dont on a plus haut donné la date — sauf, toutefois, la ferme de *Chantelou*, que, quelques années avant celle-ci, elle aliéna à M. YVON, négociant à Coutances, auquel son commerce bienfaisant de « fine » semble donc avoir assez réussi.

Sa propre succession — y compris ce qui restait ainsi dudit domaine — revenait, légalement, aux sept enfants survivants de sa sœur, la dame Michel d'Annoville, à elle prédécédée, en 1891. Mais elle en avait disposé testamentairement à leur profit, en leur faisant elle-même, à chacun, leur part.

C'est ainsi qu'un d'eux — Mlle Marguerite MICHEL D'ANNOVILLE, depuis longtemps résidant avec elle, dans l'hôtel susdit, que celle-ci continue d'habiter — recevait, en propriété, ce dernier, et aussi le reliquat du domaine de *Gratot*, y compris le fameux château qui nous intéresse si fort.

Cette nouvelle propriétaire, toutefois, ne devait pas le garder longtemps. Car, voyant tomber de plus en plus dans une ruine complète, le castel en question, elle se résolut promptement — ne voulant pas se donner le train de chercher à y parer ou à y remédier — à se défaire de lui, et aussi de ses dépendances territoriales, le tout d'une contenance de 66 hectares environ, en lui cherchant — par les voies de publicité à ce propres — un acheteur susceptible de l'en débarrasser à des conditions raisonnables.

C'est ce qu'elle a réalisé — fort avantageusement, on peut le dire — en le transmettant, moyennant 130.000 fr. environ, par acte du 29 septembre 1910, devant Me Decauville Lachènèe, notaire à *Coutances*, à un riche éditeur de Paris, M. Lemerre, dont le métier (qui n'en est pas uniquement un de « dévouement littéraire ») a, paraît-il, du bon pour quelques-uns, au moins, de ceux qui l'exercent, tout en se réservant encore le bâtiment — et champ sur lequel il est construit — de l'ancien *Ermitage St-Gerbold.*

On prête — probablement avec raison — à ce nouvel et dernier acquéreur, l'intention de « restaurer », plus ou moins complètement le château dont nous venons d'essayer la description actuelle et aussi l'histoire en ces deux derniers siècles. Tant mieux, s'il en a le courage, de même qu'il en possède, sans nul doute, les moyens financiers ! Mais qu'il y aille avec précaution, et ne se laisse pas guider, en cela, par les purs (ou « impurs ») caprices des architectes ! Que, sous prétexte d'embellissement, et même de simple résurrection, du passé, il ne s'avise pas de transformer plus ou moins radicalement cet ancien castel, si intéressant encore au milieu de son délabrement actuel, et dont les reliques, telles qu'elles, sont « sacrées » aux yeux de tous les gens de goût ; aux yeux des historiens aussi, qui retrouvent encore, là, le berceau — ou, au moins, l'un des principaux séjours — d'une famille normande illustre, désormais éteinte en nos contrées, mais qui est loin d'y être oubliée, et possède encore des représentants distingués, d'une autre de ses branches, ailleurs, et notamment dans le département de *la Mayenne.*

Qu'il s'inspire donc, avant tout, de ce qui existe encore de cette demi-ruine, et aussi des documents contemporains d'une époque où elle était bien moins avancée dans sa destruction

notamment du *cahier des charges* de l'an XII),
pour, d'abord, consolider avec soin — en le
garnissant, à l'intérieur, de boiseries et autres
ornements adéquates à son style architectural
varié — tout ce qui peut en être encore conservé ; qu'il refasse, ensuite — de préférence
dans le même genre que le corps de logis con-
tigu, mais en lui donnant un étage de plus
(qu'il devait avoir jadis, ainsi que nous l'avons
vu), le bâtiment, maintenant absolument disparu, qui s'étendait autrefois — de l'Ouest à
l'Est — entre celui-ci et la tour *de la fée* : de la
sorte rendue à sa primitive destination d'escalier à cet endroit, en même temps que de vigie
flamboyante, par son magnifique couronnement
de pierre merveilleusement sculptée.

Mais qu'il ne fasse pas autre chose ! et s'abs-
tienne, surtout, de toucher à l'ancienne *tour
forte* d'entrée, sise au Sud-Ouest de la cour intérieure dudit château, et que nous avons précédemment décrite ! Elle est bien plus poétique,
telle qu'elle est — avec ses murailles roussies
par le temps, sa ceinture quadrefoliée supérieure,
ses restes de machicoulis la surmontant, et,
surtout en dehors de l'enceinte dont elle faisait
jadis partie, ses traces, aujourd'hui murées ou
martelées, de porche principal, de pont-levis,
et d'écusson armorié — que si l'on voulait
rafraîchir et recompléter tout cela. Sa solidité,
d'ailleurs est, encore à présent, parfaite et pour
longtemps inaltérable.

Autrement, le prétendu résurrecteur du
passé — qui ne serait que son profanateur —
ne tarderait pas à s'en repentir ! Ce n'est pas
que nous craignions, pour lui, l'apparition irri-
tée de l'ancienne *fée d'Argouges*, venant lui
demander, nocturnalement, compte de cette
transformation maladroite de son ancien champ
d'évolutions fantastiques ! ni, non plus, celle
de quelque *ermite*, ancien, de *St-Gerbold*, dé-

bouchant de son antique « souterrain » — à cette occasion retrouvé — pour le vitupérer d'une innovation, malheureuse, au séjour de ses anciens maîtres ou protecteurs de jadis, où il ne saurait plus maintenant se reconnaître dans ses pieuses, non moins qu'amicales, visites d'antan ! Mais ce à quoi il ne saurait échapper, c'est au regret qui lui viendrait, un jour ou l'autre, de n'avoir, en cela, fait qu'un coûteux gâchis ; surtout quand il aurait vu l'indignation produite, par celui-ci, chez tous les connaisseurs en ce genre !

Quant à nous, notre tâche est maintenant, achevée. Puisse-t-elle avoir instruit quelque peu l'antiquaire local, ou autre, et même le simple touriste — curieux des choses d'un passé dont nous venons tous — à propos d'un objet architectural en lui-même resté, encore à présent, si digne d'étude ! Puissions-nous, aussi, avoir aidé de la sorte, à la restauration « intelligente » de celui-ci dans un avenir plus ou moins prochain !

Il nous faut, toutefois, par élémentaire reconnaissance, remercier, en terminant, tous ceux qui ont bien voulu nous y aider, et sans lesquels cette étude n'aurait pu voir le jour. En particulier : Mlle Marguerite MICHEL D'ANNOVILLE, qui nous a très obligeamment communiqué, naguère, ses titres de propriété du domaine de Gratot ; M. le Greffier du tribunal civil, CHARPY, qui — secondé, à ce sujet, par son employé M. CHAUVIRET — nous a, avec sa libéralité ordinaire, et de nous mise déjà depuis longtemps à l'épreuve, laissé puiser à notre aise dans sa collection d'état civil, notamment pour les communes de *Coutances* et de *Gratot;*

enfin notre propre imprimeur, le compétent et expérimenté M. DAIREAUX, qui, secondé de protes dévoués (naguère M. LEGALLAIS, et maintenant M. LEPORTOUX) — après nous avoir jadis, pour notre « Costentin de Tourville », revêtu d'un riche habit typographique de l'ancien temps — nous a, cette fois encore, procuré, par ses excellentes presses, un costume fort décent, si non aussi luxueux, qui ne peut manquer de contribuer à rendre notre œuvre, telle quelle, acceptable aux yeux du public amateur de ces sortes d'évocations d'un curieux passé.

TABLE DES MATIÈRES.

I. — Etat actuel du château de Gratot.

II. — Historique.

9 782013 494816